Loi numéro 49 956 du 16 juillet 1949 sur les publications
destinées à la jeunesse : septembre 1993
Dépôt légal : septembre 1993
Imprimé en France par Aubin Imprimeur à Poitiers

Jennifer Dalrymple

Mimosa Croque noisette

l'école des loisirs
11, rue de Sèvres, Paris 6e

C'est l'automne,
Papa a emmené Mimosa
faire une promenade dans la forêt.
Les feuilles mortes
craquent sous leurs pieds.

« PIF PAF ! »
Quelque chose est tombé
sur la tête de papa.
« Qu'est-ce que c'est ? »
demande Mimosa.

« Des coquilles de noisettes »,
dit papa, « ça doit être
les restes du repas d'un écureuil. »
« Un écureuil ? Où ça ? »
crie Mimosa.

Papa fait un pas
pour mieux voir dans l'arbre et…
« PLORF ! »
« Zut ! » dit papa,
« j'ai marché sur un champignon. »

Papa et Mimosa s'accroupissent
au-dessus des champignons.
« Regarde celui-là », dit Mimosa,
« il a été mangé. »
« Et celui-là aussi », montre papa.
« Et celui-là aussi », ajoute Mimosa.
« Qu'est-ce qu'il y a comme gourmands ! »

Mimosa et papa s'amusent
à chercher les restes
de repas des animaux.
Papa trouve une feuille grignotée
par une chenille et des glands percés
par des oiseaux. Et Mimosa
trouve des mûres
à moitié mangées par un merle.

Puis, sans faire de bruit,
ils observent un hérisson
qui boit dans une flaque d'eau.

« Ce sont vraiment
de gros gourmands ! » dit Mimosa.
« Ça me donne envie de manger. »
« Et si on ramassait
des châtaignes ? » propose papa.

Mimosa et papa remplissent
leurs poches de châtaignes.
« Attention aux piquants », dit papa.

« PLIC PLIC PLIC PLIC PLIC ! »
Soudain la pluie se met à tomber.
Mimosa et papa rentrent
à la maison en courant.

Papa fait griller les châtaignes
dans la cheminée
et Mimosa en mange tout un tas.

Alors papa dit en riant :
« Qu'est-ce que maman va penser
en voyant tous nos restes ? »
« Qu'on est de gros gourmands ! »